Katharina Pasternak

Draußen Deko

DIY-PROJEKTE
FÜR GARTEN, TERRASSE
UND BALKON

EMF

EIN BUCH DER
EDITION MICHAEL FISCHER

Inhalt

Herbst

Winter

Für Martin, Lea und Frederik.
Mein Herz, mein Ein und Alles.

Vorwort

Wie schön, dass Sie dieses Buch in den Händen halten! Sie gehören also auch zu den Menschen, die lieber etwas selber machen, statt es vorgefertigt zu kaufen? Sie suchen nach kreativen Lösungen und schauen erst einmal im Keller nach brauchbaren Materialien, bevor Sie sich etwas Neues anschaffen? Dann sind Sie hier genau richtig! DIY ist für mich nicht nur ein Modebegriff, sondern eine Lebenseinstellung, die sich gegen eine Wegwerfkultur richtet und die eigene Schaffenslust und Kreativität in den Fokus rückt. Nachdem ich unzählige Projekte in unserem Haus verwirklicht habe, widme ich mich in diesem Buch der Gestaltung des Gartens, des Balkons oder der Dachterrasse.

Im Garten und auf dem Balkon verhält es sich im Grunde genommen wie im Haus: Erst die liebevoll ausgewählte Deko sorgt für die persönliche Note und einen stimmungsvollen Gesamteindruck. Passend zu jeder Jahreszeit zeige ich praktische und schöne, größere und kleinere Projekte, die mit oftmals wenigen Mitteln einfach und schnell umzusetzen sind. Denn neben all der Arbeit, die ein Garten oder die Gestaltung des Balkons macht, sollte dennoch genug Zeit bleiben, zu entspannen und das Leben im Freien zu genießen!

Katharina

Frühling

Mit dem Frühling beginnt das Gartenjahr. Es ist Zeit,
sich über die Gestaltung des Balkons oder Gartens
Gedanken zu machen. Nun können Sie erste
Pflanzen aussäen, einen Arbeitsplatz anlegen und
die „Einrichtung" für den Balkon bauen.

Frühblüher in Tassen

Der Winter ist vorbei, und es kribbelt langsam in den Fingern, den Garten aus dem Winterschlaf zu holen. Noch bevor der Großteil der Pflanzen erwacht, sorgen Frühblüher für herrliche Frühlingsstimmung. In ausrangiertem Geschirr vom Flohmarkt sehen Schneeglöckchen und Hyazinthen einfach zauberhaft aus und geben dem Garten einen verspielten Vintage-Look.

MATERIAL

Frühblüher
(z.B. Schneeglöckchen,
Hyazinthen oder Narzissen)

alte Tassen, Suppenterrinen
oder Zuckerdosen

Pflanzerde

etwas Moos

SO WIRD'S GEMACHT:

1. Machen Sie sich auf die Suche nach altem, ausrangiertem Geschirr. Bei einem Besuch auf dem Flohmarkt oder in einem Antiquitätenladen werden Sie sicherlich fündig.

2. Füllen Sie Erde in die Gefäße und setzen Sie die Pflanzen ein.

3. Bedecken Sie die Erde abschließend mit etwas Moos.

TIPP

Um Staunässe zu verhindern, sollten Sie die Pflanzen nicht zu stark gießen. Alternativ können Sie auch Ablauflöcher in den Boden der Gefäße bohren.

Dreamcatcher

Wenn die Natur erwacht und überall zarte weiße Blüten zu sehen sind, sieht Deko in Pastellfarben einfach am schönsten aus. Dieser Dreamcatcher im Baum weht im Wind und zaubert auch auf den Balkon einen verspielten Look im Granny Chic.

MATERIAL

Stickrahmen, Ø 20 cm

rundes Spitzendeckchen, etwas größer als der Stick-rahmen (Ø etwa 25 cm)

20 Bänder und Spitzenborte in Pastellfarben, etwa 25–30 cm lang

Schere

Perlen, Federn

dünner Schmuckdraht

Bindfaden

SO WIRD'S GEMACHT:

1. Das Spitzendeckchen in den Stickrahmen mittig einspannen.

2. Schneiden Sie die Bänder und Borten auf etwa 25–30 cm Länge zu. Fädeln Sie anschließend die Perlen auf die Bänder. Sollte das Loch in den Perlen nicht groß genug sein, können Sie diese auch mit einem dünnen Schmuckdraht an den Bändern befestigen. Bringen Sie am Ende jedes Bands 1–2 Federn mit Draht oder Bindfaden an.

3. Zum Schluss werden die Bänder am unteren Teil des Stickrahmens durch das Spitzendeckchen gefädelt und verknotet.

 **TIPP**

Binden Sie zusätzlich zu den Perlen kleine Glöckchen, die leise im Wind klingen, an die Bänder!

Gewächshaus

Im Frühjahr gedeihen die ersten Kräuter und Gemüsepflanzen am besten geschützt im Gewächshaus. Wer auf seinem Balkon oder im kleinen Garten keinen Platz für ein dauerhaftes Treibhaus hat, kann einfach ein Regal umfunktionieren. Wenn die Sonne dann stark genug scheint und die Pflanzen endlich ins Freie dürfen, wird aus dem Gewächshaus ein Aufbewahrungsort für Blumenkübel und Garten-Deko.

MATERIAL

verzinktes Regal,
z.B. Ikea-Regal „Hyllis"
(140 x 60 x 27 cm)

durchsichtiges Wachstuch
(2 x: 64 x 142 cm,
2 x: 31 x 142 cm,
1 x: 31 x 63 cm)

Lineal, Kugelschreiber

Schere

Endlosreißverschluss,
135 cm lang, plus Zipper

Nähmaschine, Stecknadeln

SO WIRD'S GEMACHT:

1. Schneiden Sie das Wachstuch entsprechend den Maßangaben in der Materialliste zu.

2. Zeichnen Sie auf einem der beiden großen Rechtecke in der Mitte den Reißverschluss an. Beginnen Sie dabei an der unteren schmalen Kante und ziehen Sie mittig eine etwa 135 cm lange Linie nach oben. Arbeiten Sie am besten mit einem gut sichtbaren Kugelschreiber.

3. Nun links und rechts von der Linie einschneiden, sodass Sie einen 0,5 cm breiten Spalt für den Reißverschluss erhalten. Der Spalt sollte so breit sein, dass die Zähne des Reißverschlusses frei liegen.

4. Den Reißverschluss mit dem Reißverschluss-Fuß Ihrer Nähmaschine einnähen. Achten Sie darauf, dass sich der Reißverschluss später von unten nach oben öffnen lässt. Unten über beide Enden nähen, damit der Zipper nicht herunterrutschen kann.

5. Nähen Sie nun alle vier Seitenteile an das kleine Schnittteil. Die beiden großen Schnittteile nähen Sie jeweils an die breite Seite, die beiden schmalen langen Teile an die schmalen Seiten des kleinen Schnittteils. Das Wachstuch lässt sich zwar schwer handhaben, aber gut nähen. Bevor Sie die Seitennähte schließen, sollten Sie das offene Gewächshaus über das Regal legen und die Seitenteile mit Stecknadeln feststecken. So stellt man sicher, dass die Hülle später gut am Regal anliegt.

TIPP

Um eine optimale Sauerstoffversorgung zu gewährleisten, sollte das Gewächshaus jeden Tag gelüftet werden. Alternativ können Sie mit einer Lochzange kleine Löcher in die Seitenteile stanzen.

Pflanztisch

Ein kleiner Arbeitsplatz im Garten oder auf dem Balkon erleichtert die Gartenarbeit ungemein, da man alle Geräte zum Umtopfen parat hat und bequem im Stehen arbeiten kann. Man muss aber nicht unbedingt einen fertigen Pflanztisch kaufen, oft genügt schon ein Blick in den Keller. Für diesen Pflanztisch habe ich ein Lagerregal verwendet, das dank seiner verzinkten Oberfläche wetterfest ist.

MATERIAL

verzinktes Schraubregal
mit 4 Böden,
200 x 100 x 50 cm
(unaufgebaut)

Eisensäge

Zollstock

Schleifpapier

alte Schubladen

Metallhaken

SO WIRD'S GEMACHT:

1. Schrauben Sie die acht Streben des Regals zu vier langen Streben zusammen. Anschließend messen Sie an jeder Strebe 145 cm ab und sägen den Rest mit der Eisensäge ab. Legen Sie die abgesägten kurzen Teile für später zur Seite.

2. Da die Enden nun recht scharfkantig sind, schleifen Sie diese mit dem Schleifpapier etwas glatt.

3. Nun befestigen Sie die Böden in den drei Höhen 10 cm, 85 cm und 95 cm an den Streben. An die

Rückseite des Regals wird der vierte Boden geschraubt, sodass er mit dem obersten horizontalen Boden abschließt. Auf diese Weise haben Sie eine Arbeitsfläche, bei der die Wand dahinter vor Spritzwasser geschützt ist und die magnetisch ist.

4. Nun wird die Reling gebaut. Dafür werden zwei der kurzen Streben so zusammengeschraubt, dass sie horizontal zwischen die beiden hinteren Streben passen. Die beiden übrigen kurzen Streben werden zwischen die seitlichen Streben geschraubt, vorne bleibt das Regal offen. An der Reling lassen sich Werkzeuge an Haken befestigen.

5. In das Fach zwischen den beiden Böden können Sie passende Schubladen schieben und so praktischen Stauraum schaffen. An der magnetischen Wand haben Sie Platz für Samentütchen und Pflegehinweise.

TIPP

Falls Sie für dieses Projekt ein günstiges Lagerregal kaufen, achten Sie unbedingt darauf, dass es ein Schraubregal (kein Steckregal) ist.

gärtnerschürze

Eine Gartenschürze ist ein praktisches Accessoire für alle, die gerne eine kleine Auszeit im Garten verbringen möchten, ohne gleich die Arbeitsklamotten anziehen zu müssen. In der Schürze lassen sich Gartenhelfer praktisch verstauen, die Kleidung bleibt sauber und die Schürze ist außerdem sehr hübsch anzusehen. Fehlt nur noch ein Strohhut, und perfekt ist der Landhaus-Look!

MATERIAL

2 Rechtecke aus verschiedenfarbigem Wachstuch in den Größen 58 x 50 cm und 58 x 23 cm

Kuchenteller

Schrägband, 2 cm breit, etwa 250 cm lang

Nähmaschine, Stecknadeln

Gurtband, 4 cm breit, 125 cm lang

2 Gürtelschnallen

SO WIRD'S GEMACHT:

1. Schneiden Sie zunächst das Wachstuch entsprechend der Maßangaben in der Materialliste zu.

2. Den Kuchenteller auf der Rückseite des größeren Wachstuch-Rechtecks jeweils an den unteren Ecken platzieren und so Rundungen an beiden Ecken anzeichnen.

3. Fassen Sie nun das kleinere Rechteck, das als Aufsatz für die Taschen dient, an der oberen Kante mit Schrägband ein. Dazu das Schrägband an einer langen Kante anlegen, feststecken und mit der Nähmaschine annähen.

4. Legen Sie das Taschenteil mit der Schrägbandkante nach oben auf das Schürzenteil, die untere Kante des Taschenteils soll dabei etwa 12 cm vom unteren Rand entfernt liegen. Stecken Sie es fest und nähen Sie die Unterkante des Taschenteils auf die Schürze.

5. Jetzt wird das Schrägband an die äußere Kante angelegt, festgesteckt und einmal außen herum angenäht. Fassen Sie dabei die Außenkanten der Tasche zusammen mit der Schürze mit dem Schrägband ein.

6. Unterteilen Sie das Taschenteil vertikal in drei Fächer mit 17, 24 und 17 cm Breite, und steppen Sie jeweils eine vertikale Naht von der Taschenoberkante zur -unterkante.

7. Legen Sie das Gurtband an der oberen Kante der Schürze an. Es sollte etwa 30 cm über den linken Rand und etwa 37 cm über den rechten Rand der Schürze stehen. Fixieren Sie das Gurtband mit zwei Nähten an der Schürze.

8. Zum Schluss werden die beiden Gürtelschnallen an das kurze Ende des Gurtbands genäht. Dafür zunächst die Enden des Bands mit Zickzackstich einfassen, damit es nicht ausfranst. Anschließend die Enden einschlagen und festnähen.

Vertical Gardening

Optimale Raumnutzung beim Gärtnern ist in den letzten Jahren ein großes Thema geworden. Viele Stadtbewohner wollen sich den Traum vom eigenen Gemüsegarten auch bei eingeschränktem Platzangebot verwirklichen. Die Lösung lautet Vertical Gardening, also ,,in die Höhe gärtnern''! Auf dieser Gemüseleiter bieten vier Blumenkästen Platz für Schnittsalat, Kräuter und Kastengurken.

MATERIAL

1 Dachlatte,
1,9 x 4,4 x 240 cm

2 Dachlatten,
2,4 x 4,8 x 200 cm

Zollstock, Stift

Säge, Schrauben

Akkubohrer, -schrauber

Acryllack, Pinsel

4 verzinkte Blumenkästen,
etwa 60 cm lang

8 Haken

SO WIRD'S GEMACHT:

1. Zeichnen Sie vier Sprossen mit jeweils 50 cm Länge an der einzelnen schmalen Dachlatte an, und sägen Sie die Sprossen zu.

2. Nun werden die Sprossen auf die beiden breiteren Dachlatten geschraubt. Dazu messen Sie von oben beginnend 15 cm ab und schrauben die erste Sprosse auf.

Von der Unterkante dieser Sprosse aus messen Sie 44 cm ab und schrauben die nächste Sprosse auf die Latten. Verfahren Sie mit den übrigen beiden Sprossen ebenso.

3. Sie können die Leiter entweder in dem natürlichen Holzton belassen oder sie mit einem farbigen Akzent in Szene setzen. Sie ist in Kombination mit der restlichen Deko auf dem Balkon ein wahrer Blickfang! Der Acryllack wird mit einem Pinsel auf-

getragen; bei kräftigen Farben reicht oft schon ein Anstrich.

4. Vor der Bepflanzung müssen Löcher in die Böden der Zinkkästen gebohrt werden, damit das Gießwasser gut ablaufen kann.

5. Bohren Sie zusätzlich je Kasten zwei Löcher, im Abstand von etwa 12 cm vom Seitenrand, in die Kastenrückseite. Befestigen Sie daran Haken, mit denen Sie die Kästen an der Leiter aufhängen können.

Zum Bepflanzen eignen sich besonders gut Kräuter, Schnittsalate wie Rucola oder Asiasalat, Kastengurken und Pflanzen mit essbaren Blüten wie Kapuzinerkresse.

TIPP

Nach der Ernte macht sich die Leiter mit Windlichtern und Zweigen dekoriert sehr gut als Accessoire auf dem Balkon.

Pflanzkübel aus Beton

Eine gelungene Garten-Deko lebt von vielen Kleinigkeiten, die man auf einem Rundgang erkunden kann. Selbst wenn Sie nicht viel Platz zur Verfügung haben, für ein Arrangement aus selbst gemachten Blumentöpfen findet sich immer ein Plätzchen. Mit Pflanzen aus einer Familie wirkt die Komposition besonders stimmig.

MATERIAL

saubere Joghurtbecher und Lebensmittelverpackungen

Speiseöl, Pinsel

Eimer

Handschuhe

Beton

Quarzsand

Rührstab

Steine zum Beschweren

SO WIRD'S GEMACHT:

1. Bereiten Sie zunächst die Formen vor, da der Beton später zügig verarbeitet werden muss. Für einen Kübel brauchen Sie je einen großen und einen kleineren Becher, der locker in den großen passt. Der große Becher wird innen mit Öl bepinselt, der kleinere außen.

2. Tragen Sie zum Arbeiten mit Beton immer Handschuhe, da er die Haut angreift. Mischen Sie den Beton mit Sand. Dabei sollten zu einer Schaufel Beton drei Schaufeln Sand gegeben werden. Alles gut mit einem Rührstab vermengen.

TIPP

Machen Sie ruhig einen ganzen Schwung von den Kübeln, daraus lassen sich im Herbst tolle Windlichter machen (siehe S. 121/122).

3. Nun geben Sie so viel Wasser hinzu, dass eine dickflüssige Masse entsteht. Der Beton darf nicht zu dünnflüssig werden, weil er sonst bröselig wird. Er sollte eher eine teigige Konsistenz haben, sodass man fast Kugeln daraus formen könnte.

4. Jetzt können die Formen befüllt werden. Befüllen Sie dabei zuerst die große Form etwa zu drei Vierteln mit Beton; klopfen Sie den Becher dabei mehrmals auf die Unterlage, sodass Luftblasen leichter an die Oberfläche gelangen.

5. Drücken Sie nun den kleinen Becher mittig in den Beton und befüllen Sie ihn mit einer Handvoll Steine.

6. Nach 3–4 Tagen Trocknungszeit können Sie die Becher aufschneiden und entfernen. Fertig!

Pflanzsteine

Zu Beginn des Gartenjahrs herrscht noch gähnende Leere in den Beeten,
in denen im Laufe des Frühjahrs allerhand Gemüse ausgesät wird. Um
dabei nicht den Überblick zu verlieren, sind Pflanzschilder unabdinglich.
Diese Variante mit den Steinen ist robust und langlebig und sorgt für
einen besonderen Farbtupfer im Beet.

MATERIAL

Steine mit flacher
Oberfläche

Buchstabenaufkleber

Acryllack auf Wasserbasis,
in verschiedenen Farben

breiter Pinsel

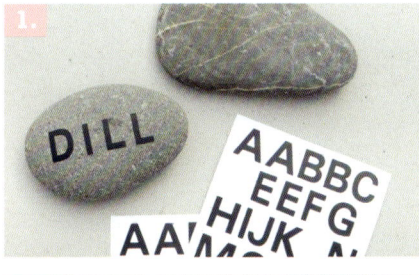

SO WIRD'S GEMACHT:

1. Vor dem Bekleben die Steine gut säubern und trocken reiben. Kleben Sie die gewünschten Pflanzennamen mit den Buchstaben auf.

2. Nun werden die Steine lackiert. Übermalen Sie dabei auch die Buchstaben. Da die Steine später in direktem Kontakt mit der Erde und den Pflanzen sind, empfehle ich, Acryllack auf Wasserbasis zu verwenden.

3. Nach dem Trocknen können Sie die Buchstaben problemlos abziehen, wodurch der Schriftzug des Pflanzennamens sichtbar wird.

Pflanzschilder aus Ton

Aus lufttrocknendem Ton lassen sich viele Kleinigkeiten für den Garten herstellen. Er ist leicht zu verarbeiten und trocknet innerhalb kurzer Zeit. Die Pflanzschilder sehen sehr hübsch im kleinen Kräutergarten aus und sind ein tolles Mitbringsel für Gartenfreunde!

MATERIAL

lufttrocknender Ton

Nudelholz

Unterlage

Lineal

Cutter

Prägebuchstaben oder Zahnstocher

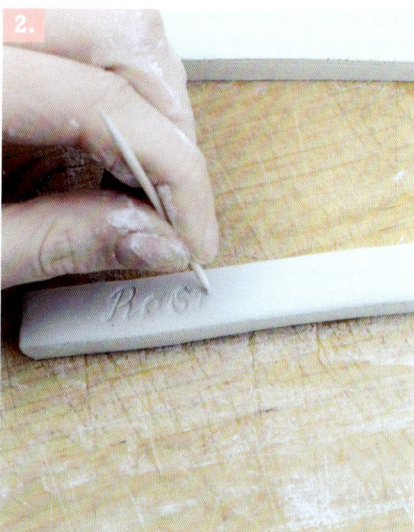

SO WIRD'S GEMACHT:

1. Rollen Sie zunächst den Ton mit dem Nudelholz auf einer Unterlage etwa 1 cm dick aus. Schneiden Sie anschließend mit dem Cutter Streifen in etwa 16 cm Länge und 1,5 cm Breite zu.

2. Prägen Sie die Pflanzennamen mit Buchstaben aus Metall in den Ton ein, oder ritzen Sie sie einfach mit einem Zahnstocher ein. Der Ton lässt sich leichter beschreiben, wenn Sie ihn etwa eine Stunde lang antrocknen lassen. Schneiden Sie zum Schluss die Enden mit dem Cutter in Pfeilform ein.

Gurken im Glas

Verschenken Sie doch einmal ein Mini-Gewächshaus. Diese pfiffigen „Gurken im Glas" lassen sich einfach transportieren und landen ja vielleicht später ohnehin wieder als eingelegte Gurken in demselben Glas.

MATERIAL

Einmachglas mit Bügelverschluss

Steine, Blumenerde

Gurkensamen oder Gurkenpflänzchen (z.B. Kastengurken)

Holzreste einer Spanplatte oder fester Karton

Akkubohrer, optional

Buchstabenstempel, Stempelkissen

Kordel, Schere

Pflanzstab aus Holz

SO WIRD'S GEMACHT:

1. Belegen Sie den Glasboden etwa 3 cm hoch mit Steinen, damit das Gießwasser abfließen kann.

2. Füllen Sie das Einmachglas bis zur Hälfte mit Blumenerde auf. Nun können Sie einen Gurkensamen aussäen oder eine kleine Gurkenpflanze direkt hineinpflanzen.

3. Bohren Sie in die Holzreste ein Loch und beschriften Sie das Schild mit den Stempeln. Das Schild wird mit einer Kordel am Glas befestigt. Kürzen Sie den Pflanzstab und stecken Sie ihn in die Erde, sodass er als Stütze für den Deckel dient.

EIN KLEINES STÜCK VOM GARTENGLÜCK

Garten to go

Worüber freuen sich Gartenbesitzer noch mehr als über Schnittblumen?
Über Zuwachs im eigenen Garten, an dem man lange Freude hat!
Überraschen Sie liebe Menschen mit einem hübschen Garten to go,
farblich abgestimmt auf den Garten des Beschenkten.

MATERIAL

4 Pappbecher

Halterung für Getränke aus
einem Fast-Food-Restaurant

schöne Papiere, Glanzbilder,
Washi Tape, getrocknete
Blumen und Bänder zum
Verzieren

Schere

Blumen, z.B. Margeriten

Blumenerde

Schaschlik-Holzstäbchen

Stifte

Kleber

EIN KLEINES STÜCK VOM GARTENGLÜCK

SO WIRD'S GEMACHT:

1. Gestalten und bekleben Sie die Becher nach Herzenslust. Ihrer Fantasie sind keine Grenzen gesetzt.

2. Füllen Sie Erde in die Becher und pflanzen Sie die Blumen hinein.

3. Basteln Sie einen Wimpel aus Papier oder Washi Tape und befestigen Sie ihn an einem Holzstäbchen. Nun können Sie ihn mit einem Spruch oder dem Namen der Blume beschriften und in die Erde stecken.

Osterhase aus Beton

Wer hoppelt denn da durchs Blumenbeet? Mit einer ausrangierten Hasen-Backform gießen Sie ganz leicht eine stimmungsvolle Oster-Deko aus Beton – oder gleich eine ganze Hasenfamilie! Wie der Beton angerührt wird, können Sie auf Seite 29/30 nachlesen.

MATERIAL

Hasen-Backform
(auf Wunsch eine Lamm-
Backform)

Speiseöl

Pinsel

Handschuhe

angerührter Beton
(siehe Seite 29/30)

SO WIRD'S GEMACHT:

1. Öffnen Sie die Klammern der Form und bestreichen Sie beide Hälften innen mit Öl, damit sich die Figur später leicht herauslösen lässt.

2. Nun wird die Form wieder zusammengebaut. Ziehen Sie zum Schutz der Haut Handschuhe an und befüllen Sie die Form bis zum Rand mit Beton. Klopfen Sie beim Befüllen immer wieder auf die Form, damit Luftblasen austreten können.

3. Nach drei bis vier Tagen Trocknungszeit können Sie die Klammern der Form lösen. Der fertige Hase kann ganz leicht entnommen werden. Betonreste am Hasen können Sie mit der Hand entfernen.

Bepflanzter Vogelkäfig

Vergessen Sie einmal die Pflanzkübel, die es überall zu kaufen gibt, und begeben Sie sich auf die Suche nach kreativen Lösungen, die optisch richtig etwas hermachen! Im Keller oder auf dem Flohmarkt finden sich allerhand ausrangierte Schätze, die viel zu schade zum Wegwerfen sind und zum Blickfang im Boho-Look werden.

MATERIAL

alter Vogelkäfig

reichlich Moos

Erde

Sand

Sukkulenten

Farn

SO WIRD'S GEMACHT:

1. Zuerst wird der Rand des Käfigbodens mit Moos ausgekleidet, sodass die Erde später nicht durch die Gitterstäbe rieseln kann. Das Moos sollte sehr dicht und lückenlos an den Rand gedrückt werden.

2. Mischen Sie nun zwei Teile Erde mit einem Teil Sand und geben Sie das Gemisch in den Käfig.

3. Nun kann der Käfig bepflanzt werden. Toll sieht es aus, wenn man die Sukkulenten so dicht an den Rand pflanzt, dass sie später zwischen den Gitterstäben hindurchwachsen. Ein richtiger Eyecatcher sind hängende Pflanzen, wie Farn, die aus dem Käfig herauswachsen.

Teegarten und Tisch

Die Idee für das kleine Hochbeet und den Tisch hatte ich, als ich auf der Suche nach einem kleinen Beistelltisch für unseren Balkon war. Da unzählige Blumentöpfe bereits den Boden belagerten, wollte ich eine neue Möglichkeit, Pflanzen unterzubringen. Also habe ich zwei Tische gebaut, von denen einer nun als kleiner Teegarten mit Teepflanzen wie Minze, Zitronenverbene und Melisse dient.

MATERIAL

4 Kanthölzer (a),
4 x 4 x 35,8 cm (Beine)

4 Kanthölzer (b),
4 x 4 x 43 cm (Verstrebungen)

5 Bretter (c),
14,3 x 2,1 x 51 cm (3 x Boden
und 2 x Seitenteile)

2 Bretter (d),
14,3 x 2,1 x 55,2 cm
(Seitenteile)

etwa 40 Schrauben,
4 x 60 mm

Akkubohrer und -schrauber

Zollstock, Stift

Acryllack, Pinsel, optional

Teichfolie (für den Teegarten)

SO WIRD'S GEMACHT:

1. Zuerst stellen Sie jeweils ein Kantholz b im rechten Winkel auf ein Kantholz a mit 4 cm Abstand von der oberen Kante. Markieren Sie die Position mit einem Strich oben und unten.

2. Drehen Sie das Kantholz a um 90 Grad und wiederholen Sie den Vorgang. Zeichnen Sie so alle Kanthölzer a an.

3. Bohren Sie innerhalb Ihrer Markierungen jeweils ein Loch auf jeder der Seiten des Kantholzes a. Achten Sie darauf, dass die beiden Löcher pro Kantholz etwa 0,5 cm versetzt angebracht werden.

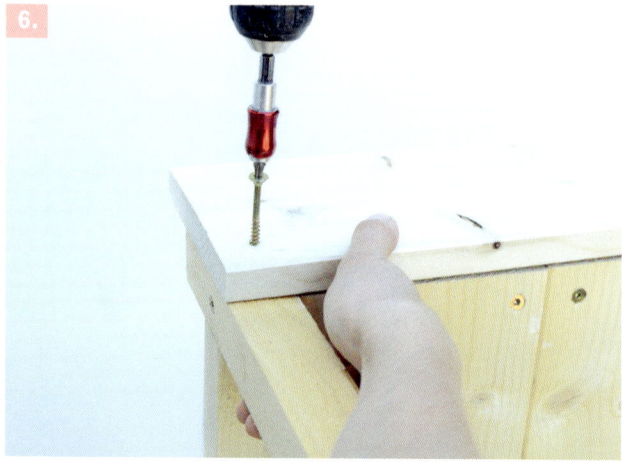

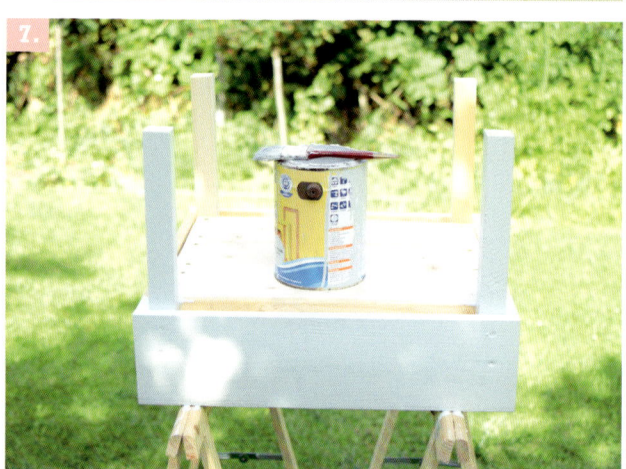

4. Nun Schrauben Sie das Kantholz b an Kantholz a fest. Wiederholen Sie dies mit den übrigen drei Kanthölzern, sodass am Ende ein quadratischer Kubus für die Unterkonstruktion entsteht.

5. Drehen Sie den Kubus mit den Beinen nach oben und legen Sie drei der Bretter c nebeneinander in das Gestell. Fixieren Sie jedes der Bretter mit zwei Schrauben pro Seite am Gestell.

6. Drehen Sie den Tisch wieder um. Jetzt sieht er schon aus wie ein Tisch, es fehlt nur noch der Rand. Dazu nehmen Sie zwei der Bretter c und schrauben sie gegenüberliegend an die Seiten des Tischs. Dabei soll die Unterkante des Bretts mit dem Boden des Tischs abschließen. Setzen Sie anschließend die Bretter d zwischen die beiden Bretter c und schrauben diese ebenfalls mit jeweils vier Schrauben fest. Achten Sie darauf, dass Sie die Seitenteile am Holz der Tischbeine befestigen.

7. Nun ist der Tisch als Hochbeet schon einsatzbereit! Legen Sie ihn mit einer Teichfolie aus und bohren Sie für einen besseren Ablauf des Wassers noch einige Löcher in den Boden. Wenn Sie den Teetisch bepflanzen möchten, streichen Sie ihn auf Wunsch nur außen. Als kleiner Tisch für den Balkon macht sich Farbe aber immer gut!

Limobar

Endlich ist die Zeit gekommen, draußen zu feiern und das Leben im Garten zu genießen! Mit selbst gemachtem Sirup aus dem eigenen Garten können Sie eine Limobar zaubern, bei der sich jeder bedienen kann. Aber nicht nur die Kleinen kommen auf ihre Kosten, mit einem Schuss Sirup in einem Glas Prosecco begrüßen Sie Ihre Gäste zur Gartenparty!

ERDBEER

1,5 kg Erdbeeren

1250 g Zucker

600 ml Wasser

Saft einer Zitrone

WALDMEISTER

100 g Waldmeister

950 g Zucker

2 l Wasser

30 g Zitronensäure

ein paar Tropfen grüne
Lebensmittelfarbe, optional

HOLUNDER

20 Holunderblütendolden

3 kg Zucker

2 l Wasser

100 g Zitronensäure

Erdbeersirup

Zucker mit Wasser in einem Topf aufkochen. Erdbeeren waschen, vierteln und mit dem Zitronensaft zu dem Zuckerwasser geben. 5 Minuten kochen lassen, anschließend durch ein Tuch abseihen. Noch heiß in ausgekochte Flaschen füllen.

Waldmeistersirup

Den Waldmeister anwelken lassen. Wasser mit dem Zucker etwa 1 Stunde einkochen lassen. Dann Waldmeister und Zitronensäure zugeben und 3 Tage lang in einem geschlossenen Gefäß ziehen lassen. Den Sud abseihen, nochmals kurz aufkochen und eventuell Lebensmittelfarbe zugeben. Sofort in ausgekochte Flaschen füllen und gut verschließen.

Holundersirup

Den Zucker mit der Zitronensäure in Wasser aufkochen. Abkühlen lassen und anschließend die Holunderdolden ohne Stiele zugeben (Holunder nicht waschen!). Mindestens 1 Tag ziehen lassen, danach durch ein Tuch abseihen. Nochmals aufkochen und in ausgekochte Flaschen füllen.

Haltbarkeit: etwa ein Jahr

Hängender Erdbeergarten

Für mich gibt es nichts Schöneres als einen eigenen Naschgarten,
in dem die Kinder zwischendurch ein paar Johannisbeeren pflücken
können und die Pflaumen vom Baum direkt in den Mund wandern.
Erdbeeren fühlen sich in hängenden Körben besonders wohl und
sind nicht nur lecker, sondern auch ein echter Augenschmaus!

MATERIAL

Gemüsekorb zum
Aufhängen

reichlich Moos

Erde, Schaufel

Erdbeerpflanzen für
Blumenampeln

1.

2.

SO WIRD'S GEMACHT:

1. Kleiden Sie die Wände der Körbe
mit Moos aus. Am besten funktioniert
das, wenn Sie den Korb dazu aufhängen. Das Moos sollte fest an die
Wand gedrückt werden, sodass das
überschüssiges Gießwasser später
herauslaufen kann, ohne dass Erde
mit herausgeschwemmt wird.

2. Füllen Sie nun Erde in die Körbe
und pflanzen Sie die Erdbeerpflanzen ein. Befestigen Sie den Erdbeer-
korb an einem sehr sonnigen Ort.

TIPP

Wenn Sie statt Erdbee-
ren Kräuter wie Basili-
kum oder Petersilie ein-
pflanzen und den Korb
über Ihren Essplatz
hängen, können Sie Ihr
Essen direkt am Tisch
verfeinern.

Sommer

Endlich Sommer! Wir ernten Gemüse und Obst aus unserem kleinen Garten- oder Hochbeet und lassen es uns gut gehen! Feste mit Freunden feiern, lange draußen bleiben und entspannen machen das leichte Lebensgefühl im Sommer aus.

Balkon-Sichtschutz

Auch wenn man nicht viel Platz zur Verfügung hat, kann man sich auf dem Balkon im Sommer gemütlich einrichten. Der Sichtschutz aus einem alten Kleiderständer sorgt nicht nur für ungestörte Stunden mit dem Lieblingsbuch, er bietet auch jede Menge Platz für Kräuter und Blumen.

MATERIAL

Kleiderständer, z.B. „Mulig" von Ikea

Estrichgitter aus dem Baumarkt, entsprechend der Maße des Kleiderständers

Drahtzange

stabiler Draht, etwa 180 cm lang

kleine verzinkte Eimer mit Bügel und Blumenkästen

Haken

SO WIRD'S GEMACHT:

1. Messen Sie zunächst die Innenfläche des Kleiderständers aus, um so die Größe des benötigten Estrichgitters zu ermitteln.

2. Halten Sie das Gitter so an die Innenfläche der Kleiderstange, dass es mit der unteren Stange abschließt. Den Teil des Gitters, der oben übersteht, entfernen Sie mit der Zange.

3. Anschließend schneiden Sie 20 cm lange Stücke Draht zu und wickeln diese straff um den Ständer und das Estrichgitter. Befestigen Sie das Gitter auf diese Weise an etwa neun Stellen rundherum am Ständer. Entfernen Sie das überstehende Gitter an der Rundung des Ständers mit der Drahtzange und befestigen Sie die Eimer und Blumenkästen mithilfe der Haken.

TIPP

Eine Rankpflanze wie die Clematis fühlt sich auch im Schatten wohl und hat im Nu den Sichtschutz in eine „grüne Wand" verwandelt.

Strandmatte

Ein tolles Projekt für alle, die keinen Platz für eine Gartenliege haben, aber trotzdem nicht auf Komfort verzichten möchten. Die Strandmatte ist ein riesiger Kissenbezug, der auch von Nähanfängern superschnell gemacht ist! Und wenn die Gartensaison vorbei ist, dient die Matte als Sitzinsel im Kinderzimmer.

MATERIAL

Stoff, 230 x 150 cm

5 Kissen,
je 40 x 60 cm

Schere

Stecknadeln

Nähmaschine

SO WIRD'S GEMACHT:

1. Nähen Sie an den beiden langen Kanten des Stoffs den Saum. Dazu schlagen Sie den Stoff etwa 1 cm breit zweimal um, stecken den Saum fest und nähen anschließend einmal entlang der Kante.

2. Breiten Sie den Stoff mit der linken Seite nach unten auf dem Boden aus. Die beiden genähten Kanten liegen dabei links und rechts vor Ihnen. Nun legen Sie die rechte Kante 62 cm weit über den Stoff. Auf der linken Seite stehen dann noch etwa

20 cm Stoff über. Diesen Überstand legen Sie anschließend nach rechts über den anderen Stoff.

3. Stecken Sie die schmalen Stoffkanten mit Stecknadeln fest, nähen Sie die Kanten zu und versäubern Sie diese mit einem Zickzackstich.

4. Wenn Sie den Stoff nun wenden, haben Sie praktisch schon einen großen Kissenbezug mit Hotelverschluss. Es fehlen nur noch die Fächer für die Kissen. Breiten Sie den

Bezug vor sich aus und stecken Sie die Öffnung des Bezugs mit Nadeln fest, so kann nichts verrutschen. Nun messen Sie im Abstand von 45 cm vertikal fünf Fächer für die Kissen ab, die Sie mit Nadeln feststecken und anschließend nähen.

5. Zum Schluss können Sie die fünf Kissen wie in einen ganz normalen Kissenbezug stecken. Fertig!

Utensilo aus Wachstuch

Wenn man wenig Platz auf dem Balkon hat, braucht man praktische Lösungen für mehr Stauraum. Mit diesem Utensilo aus Wachstuch verschönern Sie nicht nur Ihr Balkongeländer, sondern haben auch noch alle Kleinigkeiten griffbereit, die Sie für eine gemütliche Leseecke im Sommer brauchen.

MATERIAL

Textilwachstuch, 120 x 140 cm

Stift, Schere, Maßband

kleiner Kuchenteller, um die Ecken abzurunden

Schrägband, 280 cm lang

2 Ösen, Ø 11 mm, und das in der Packung enthaltene Werkzeug

Hammer

2 x 60 cm Band

SO WIRD'S GEMACHT:

1. Schneiden Sie aus dem Wachstuch drei Rechtecke mit den Maßen 45 x 120 cm, 45 x 60 cm und 45 x 30 cm zu. Falten Sie jedes der Teile in der Mitte, sodass Sie ein Rechteck mit den Maßen 45 x 60 cm für die Basis und zwei Teile mit den Maßen 45 x 30 cm und 45 x 15 cm für die Taschen erhalten.

2. Messen Sie nun 2 x 45 cm von dem Schrägband ab und nähen Sie es an die Oberkanten der beiden Taschenteile. Bei der 15 cm hohen Tasche sollte die gefaltete Kante unten sein und das Schrägband an der offenen Kante angebracht werden.

3. Legen Sie anschließend das große Fächerteil auf das Basisteil, sodass es mit der Unterkante des Basisteils abschließt, und fixieren Sie es mit Stecknadeln. Legen Sie den Teller an einer Ecke an und zeichnen Sie eine Rundung auf. Wiederholen Sie den Vorgang bei jeder Ecke des großen Rechtecks und schneiden Sie das Wachstuch zu.

4. Jetzt befestigen Sie den Streifen für die schmale Tasche, in 5 cm Abstand von der Oberkante der großen Tasche, mit Stecknadeln am Basisteil. Nähen Sie anschließend die Unterkante der Tasche fest.

5. Nähen Sie einmal um das gesamte Basisteil, und nähen Sie dabei auch die Seitenkanten der Taschenteile an. Anschließend werden die Kanten des Basisteils mit Schrägband eingefasst.

6. Um auf der schmalen Tasche drei kleine Fächer zu erhalten, zeichnen Sie diese im Abstand von 15 cm ein. Auf der großen Tasche zeichnen Sie einen Strich in der Mitte des Streifens, um zwei Fächer zu definieren. Nähen Sie anschließend an den markierten Strichen entlang.

7. Markieren Sie zwei Stellen am oberen Rand des Utensilos und bringen Sie dort die Ösen nach Packungsanweisung an. Mit dem Band können Sie nun das Utensilo an Ihrem Balkongeländer befestigen.

Teppich-Pouf

Wenn es draußen sehr heiß wird, verlegen wir unser Wohnzimmer an ein schattiges Plätzchen und liegen gemütlich auf dem Boden. Vor allem Fransenteppiche eignen sich wunderbar für den Einsatz im Garten, weil sie robust sind und schnell mal in die Waschmaschine geworfen werden können. Auf diesem Teppich-Pouf lässt es sich richtig gut faulenzen!

MATERIAL

4 Fransenteppiche, 82 x 55 cm (z.B. von Ikea)

alte Kissen als Füllstoff

Nähnadel, Stecknadeln

festes Garn

Stift, Schere

Kreis aus Karton, Ø 47 cm (als Schablone)

Nähmaschine

SO WIRD'S GEMACHT:

1. Zeichnen Sie mithilfe der Schablone auf zwei Teppiche jeweils einen Kreis und schneiden diese aus.

2. Damit die Kreise nicht ausfransen, versäubern Sie die Ränder mit einem groben Zickzackstich.

3. Nun stecken Sie die anderen beiden Teppiche an einer Fransenkante zusammen und nähen sie dicht an der Kante zusammen.

4. Anschließend breiten Sie die zusammengenähten Teppiche aus und messen von der linken Fransenkante an eine Länge von 150 cm ab und schneiden den Teppich an dieser Stelle ab. Versäubern Sie die angeschnittene Kante des längeren Teils, und nähen Sie die Teppiche zu einem Ring zusammen.

5. Nun wird der Ring gewendet, sodass die Fransenkante innen liegt. Stecken Sie einen Kreis am Ring als Boden fest und nähen Sie diesen an. Verfahren Sie auf der gegenüberliegenden Seite mit dem zweiten Kreis ebenso; lassen Sie dabei einen Spalt von etwa 20 cm Breite zum Befüllen offen. Wenden Sie den Pouf, sodass nun die Fransen außen liegen.

6. Befüllen Sie den Pouf mit Kissen. Ich habe vier Kopfkissen verwendet, wodurch der Pouf noch recht weich geblieben ist. Wenn Sie Gegenstände wie ein Tablett darauf abstellen möchten, können Sie ihn auch mit alten Handtüchern füllen, sodass er etwas schwerer wird.

7. Schließen Sie die offene Naht mit einem festen Garn und einer dicken Nadel mit Handstichen.

TIPP

Aus den Resten der Teppiche lassen sich tolle Kissen mit Fransenkante machen. Nähen Sie eine rechteckige Kissenhülle, und füllen Sie diese mit einem alten Kissen.

Outdoorteppich

Ich habe ein echtes Faible für Teppiche, weil sie einen Raum gliedern und gemütlich machen. Das gilt auch für draußen: Wenn ich ein Plätzchen auf dem Balkon einrichte, gehört für mich immer ein Teppich dazu. Damit man im Sommer abends nicht alles einsammeln muss, wenn ein Gewitter droht, habe ich einen runden Teppich aus Plastiktüten gewebt, der ruhig im Freien bleiben kann. Und das Tütenchaos im Küchenschrank hat auch ein Ende!

MATERIAL

Hula-Hoop-Reifen
(Ø mindestens 85 cm)

festes Jutegarn

etwa 25 große Plastiktüten
oder Müllsäcke

Schere

1.

2.

SO WIRD'S GEMACHT

1. Bereiten Sie zunächst den Webrahmen vor. Dazu binden Sie das Jutegarn um den Reifen, sodass das Garn vorne und hinten entlangläuft. Unterteilen Sie dafür den Reifen gedanklich in 16 Kuchenstücke, und binden Sie das Garn rundherum an den Reifen.

2. Nun schneiden Sie die Tüten als Garn zu. Schneiden Sie die Tüten dafür der Breite nach in Streifen, die dann an einer Seite aufgeschnitten werden. Je nach Stärke der Tüten kann die Breite der Streifen zwischen 3 und 10 cm variieren. Am besten geeignet sind dünne Tüten.

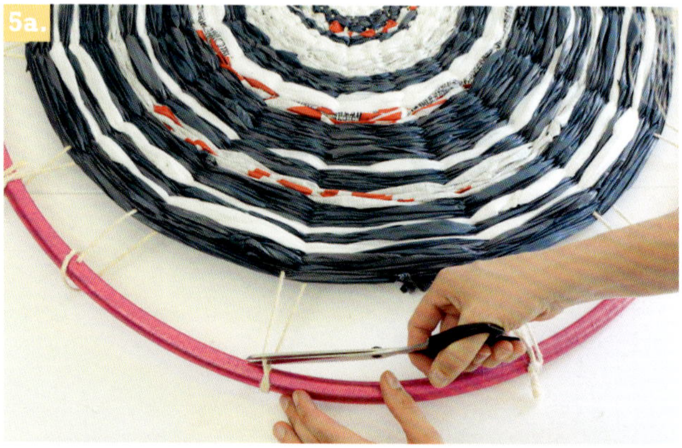

3. Beginnen Sie mit dem Weben in der Mitte des Reifens. Führen Sie die Tütenstreifen immer abwechselnd über und unter die Streben des Jutegarns und ziehen Sie es dabei straff. Wenn ein Streifen zu Ende geht, führen Sie ihn auf die Rückseite und verknoten ihn mit einem neuen Streifen. Dann drehen Sie den Webrahmen um und fahren mit dem Weben fort.

4. Wenn Sie sich dicht an den Rand des Hula-Hoop-Reifens herangewebt haben, können Sie den Teppich fertigstellen. Dazu drehen Sie ihn auf die Rückseite und schneiden die abstehenden Enden an den Knoten ab.

5. Um den Teppich vom Rahmen zu lösen, schneiden Sie das Garn am Rand des Reifens auf, verknoten die beiden Enden miteinander und schneiden das Jutegarn bis kurz vor den Knoten zurück.

Grundrezept Marmelade

1 kg Früchte
700g Zucker
3 EL Zitronensaft

Einmachkiste

In dieser Kiste findet man alles, womit man seine hausgemachten Marmeladen, Chutneys und anderen Leckereien hübsch verzieren und beschriften kann. Sie ist nicht nur ein tolles Geschenk, man selbst freut sich auch, wenn man nach der Arbeit Aufkleber, Bänder und Schildchen sofort griffbereit hat.

MATERIAL

Holzbox mit Deckel oder Pappschachtel

gemusterte Papiere und Karton

Holzlack, optional

Washi Tape

Stifte, Schere, Klebstoff

Lineal, Lochverstärker

weiße Klebeetiketten

Stempel, Stempelkissen

Baumwollstoffreste

Zackenschere

Bänder und Borten

SO WIRD'S GEMACHT:

1. Bekleben Sie Boden und Innenseite des Deckels mit schönem Papier, oder lackieren Sie die ganze Box in Ihrer Wunschfarbe. Denken Sie sich für den Deckel eine passende Beschriftung aus. Schreiben Sie sie auf weißen Karton und befestigen Sie diesen zusammen mit hübschem Papier und dekorativen Washi-Tape-Streifen am Deckel.

2. Für die Anhängerschilder zeichnen Sie die gewünschte Form auf Karton vor und schneiden diese aus. Anschließend werden die Schilder gelocht und und mit einem Lochverstärker versehen.

3. Verzieren Sie die Klebeetiketten mit passenden Stempelmotiven und ziehen Sie mit dem Lineal und einem Filzstift Linien zum Beschriften.

4. Marmeladengläser sehen mit Stoffhauben mit verspielten Mustern viel schöner aus. Dazu schneiden Sie mit der Zackenschere etwa 15 x 15 cm große Quadrate aus hübschen Stoffresten zu. Sie werden mit schönen Bändern am Glas befestigt.

TIPP

Packen Sie in die Kiste alles, was man nach dem Einmachen sonst noch gut gebrauchen kann: einen Stift zum Beschriften sowie Bänder oder Hutgummi zum Befestigen der Hauben und Anhänger. Oder wie wäre es mit einem kleinen Rezeptbuch für die liebsten Einmachrezepte?

Julias
Einmachkiste

Tischdecke aus Tüchern

Bunte Farben und Batik- und Blumenmuster im Hippie-Look bringen das lockerleichte Urlaubsfeeling in den Garten. Für die Tischdecke habe ich Tücher und Schals auf dem Flohmarkt gekauft, sogar Seidentücher bekommt man dort für wenig Geld. Damit es nicht zu unruhig wirkt auf dem Tisch, habe ich in der Mitte weißen Stoff verwendet, an den ich die bunten Tücher genäht habe.

MATERIAL

Rechteck aus leichtem weißen Stoff in der Größe Ihrer Tischplatte plus 1–2 cm Nahtzugabe

Tücher oder Schals (je nach gewünschter Größe)

Pappkarton für die Schablone

Schere, Maßband

Stift

Nähmaschine, Stecknadeln

SO WIRD'S GEMACHT:

1. Überlegen Sie sich zunächst, wie breit der Rand aus Tüchern werden soll und ob Sie ein oder zwei Reihen aus Quadraten haben möchten. Ich mag längere Tischdecken und habe deshalb zwei Reihen aus Quadraten an den weißen Stoff genäht.

2. Nun müssen Sie ein wenig rechnen, um die Größe der einzelnen Quadrate und die benötigte Menge zu ermitteln. Mein weißes Rechteck hat die Maße 150 x 90 cm, also hat es sich angeboten, die Quadrate in der Größe 30 x 30 cm zuzuschneiden (bzw. 32 x 32 cm inklusive Nahtzugabe). Um einen einfachen Rand

zu nähen, habe ich also 20 Quadrate gebraucht – jeweils sieben Stück auf den beiden Längsseiten und jeweils drei Stück auf den Querseiten. Am schnellsten geht das Zuschneiden, wenn Sie sich vorher eine Schablone aus Pappe mit den entsprechenden Maßen anfertigen.

3. Wenn Sie alle Quadrate zurecht-geschnitten haben, legen Sie sie am besten auf separate Stapel, damit Sie immer die zusammenpassenden Muster im Blick haben. Nun beginnen Sie, die Quadrate mit der Näh-maschine zu langen Bahnen jeweils für die Quer- und Längsseiten zu-sammenzunähen. Versäubern Sie die Nähte mit dem Zickzackstich.

4. Nähen Sie die Bahnen anschlie-ßend an das weiße Rechteck in der Mitte. Versäubern Sie auch hier die Nähte mit dem Zickzackstich.

5. Wenn Sie alle Bahnen am Recht-eck festgenäht haben, schlagen Sie den äußeren Rand der Tischdecke zweimal etwa 1 cm breit um, stecken ihn fest und nähen den Saum.

martin

P   S

Platzkarten

Eine gelungene Tisch-Deko lebt von Kleinigkeiten, mit
denen man dem Gast zeigt: „Schön, dass du da bist!"
Mit diesen Platzkarten finden Ihre Gäste gleich ihren Platz
und haben Besteck und Gewürze griffbereit.

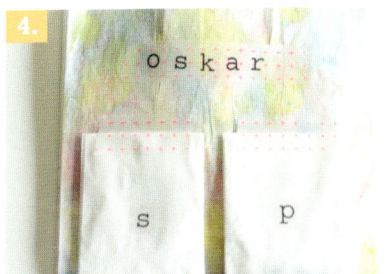

SO WIRD'S GEMACHT:

1. Bemalen Sie die Tüten zu etwa
zwei Dritteln mit Wasserfarben, passend zu Ihrer Tisch-Deko. Für den
sommerlichen Aquarell-Look habe
ich die Farben sehr stark verdünnt
aufgetragen.

2. Nach dem Trocknen der Farbe
schneiden Sie etwa ein Drittel der
Tüte ab, damit später Besteck und
Serviette sichtbar sind.

3. Basteln Sie nun aus einer weiteren
Butterbrot-Tüte zwei kleine Tüten,
die anschließend mit Pfeffer und
Salz befüllt und mit Klebebuchstaben
beschriftet werden.

4. Nun können Sie die Tüten mit den
Namen Ihrer Gäste beschriften und
die Gewürztüten mit Washi Tape
daran befestigen. Zum Schluss noch
Serviette und Besteck einstecken.

TIPP

Um Ihren Gästen eine
Freude für zu Hause zu
machen, können Sie zu
dem Besteck noch eine
kleine Aufmerksamkeit
stecken, etwa eine Tüte
mit selbst gemachtem
Grillgewürz oder ge-
trockneten Kräutern.

Spitzen-Schüsselhaube

Auf dem Flohmarkt kann ich an schönen Spitzendeckchen einfach nicht vorbeigehen; inzwischen habe ich eine ganze Kiste davon zu Hause. Als ich mir überlegt habe, woraus ich Hauben nähen könnte, die Schüsseln auf dem Tisch im Garten vor herabfallenden Blättern und Insekten schützen, sind sie mir sofort wieder in den Sinn gekommen. Die Hauben sind schnell gemacht und geben Ihrer Tischdeko einen herrlichen Vintage-Look.

MATERIAL

rundes Spitzendeckchen, etwa 3 cm größer als der Durchmesser der Schüssel

Gummiband

Schere

Nähmaschine

SO WIRD'S GEMACHT:

1. Um die Länge des benötigten Gummibands zu ermitteln, legen Sie es um den Schüsselrand und ziehen es ein wenig an, sodass die Haube gut sitzt. Schneiden Sie das Gummiband dementsprechend zu.

2. Nun legen Sie das Gummiband etwa 1,5 cm vom Rand des Deckchens entfernt an und nähen es mit dem Zickzackstich der Nähmaschine rundherum fest. Beim Nähen das Band straff ziehen, sodass sich die Haube in Falten legt. Fertig!

Palettenbank

Aus Paletten lassen sich ganz günstig kleine Möbelstücke für den Garten bauen. Europaletten werden mit einem Pfand belegt und sind deshalb oftmals nicht leicht zu bekommen. Mehrwegpaletten gibt es in vielen verschiedenen Größen. Ich habe für diese Bank eine sehr große Palette benutzt, aber Sie können sich die Teile dafür auch aus mehreren kleinen Paletten zusägen.

MATERIAL

1 große Einwegpalette, 180 x 120 cm

Handsäge

Zollstock, Stift

Lack nach Wunsch, Pinsel

robuste Schraubenzieher, Hammer

etwa 80 Schrauben, 4 x 18 mm

etwa 12 Schrauben, 4 x 40 mm

Akkubohrer und -schrauber

SO WIRD'S GEMACHT:

1. Sägen Sie zunächst die Latten aus der Palette heraus. Für eine Bank mit den Maßen 120 x 40 cm und einer Höhe von 45 cm benötigen Sie:

15 Latten mit den Maßen 40 x 8 cm
4 Latten mit den Maßen 120 x 8 cm
4 Latten mit den Maßen 43 x 8 cm

2. Lackieren Sie die 15 Latten in Ihrer Wunschfarbe. Ich habe drei verschiedene Farbtöne in Apricot (hell und dunkel) und Weiß verwendet.

3. Die vier Holzklötze an den Ecken der Palette werden ebenfalls benötigt. Diese können Sie mit einem Schraubenzieher und einem Hammer von den Latten lösen.

4. Nun werden die zwei Rahmen für die Beine gebaut. Dafür verwenden Sie jeweils eine Latte der Länge 120 cm und zwei Latten der Länge 43 cm. Schrauben Sie die beiden kurzen Latten rechtwinklig an die lange Latte mit jeweils mindestens drei Schrauben. Messen Sie anschließend die Dicke der übereinandergeschraubten Latten an einer Ecke und notieren Sie sich dieses Maß (bei meiner Bank waren es 4 cm, das hängt von der Dicke der Latten ab).

5. Weiter geht es mit dem Rahmen für die Sitzfläche. Dazu schrauben Sie mit den langen Schrauben jeweils einen Holzklotz an die beiden äußeren Enden der 120 cm langen Latten. Diese Konstruktion benötigen Sie in zweifacher Ausführung.

6. Im nächsten Schritt werden die lackierten Latten für die Sitzfläche an den beiden Latten mit den Klötzen angebracht. Rücken Sie die Klötze genau so weit ein, wie Sie sich in Schritt 4 notiert haben. Die Latten stehen also etwa 4 cm über. Schrauben Sie zunächst nur die erste und die letzte Latte von oben an die Konstruktion.

7. Nun werden die übrigen Latten von unten an die Konstruktion geschraubt. Legen Sie die Latten dazu vorher auf und mitteln Sie den Abstand zwischen den Latten aus.

8. Sie haben es fast geschafft! Legen Sie die Sitzfläche mit der Oberseite nach unten und schrauben Sie die Rahmen mit den Beinen seitlich an die Klötze. Da Sie mit den Latten der Sitzfläche vorher eingerückt sind, sollten die Beine nun bündig mit den Latten der Sitzfläche abschließen.

TIPP

Wenn Sie auf der Suche nach kostenlosen Paletten sind, fahren Sie einmal in ein Neubaugebiet Ihrer Stadt, und fragen Sie bei Baustellen nach. Hausbesitzer sind oft froh, wenn Sie ihnen den vermeintlichen Müll abnehmen.

Deko-Baum

Wie wunderschön sieht es in Einrichtungszeitschriften immer aus, wenn über einer sommerlichen Tafel Lichterketten oder Wimpelgirlanden hängen, die aus einem Grillabend ein Festmahl machen. Aber was tun, wenn man keine Bäume im perfekten Abstand im Garten hat oder man auf dem Balkon feiern möchte? Dann bauen wir uns unsere Bäume eben selbst!

MATERIAL

2 stabile Äste mit Astgabel, etwa 3 m lang

Säge

2 Eimer

Beton, Sand, Wasser

Öl zum Bestreichen der Eimer

Arbeitshandschuhe

SO WIRD'S GEMACHT:

1. Entfernen Sie bei den beiden Ästen alle feinen Äste, sodass nur noch Stamm und Astgabel stehen bleiben. Sägen Sie die Äste unten so weit ab, dass die Astgabeln beider Äste auf der gleichen Höhe sind.

2. Ölen Sie beide Eimer gut ein; so lässt sich der Beton später einfacher aus der Form lösen. Ziehen Sie die Handschuhe an und rühren Sie anschließend den Beton dickflüssig an, wie auf Seite 29/30 beschrieben.

3. Stellen Sie die Äste nun mittig in die Eimer und füllen Sie den Beton ein. Achten Sie darauf, dass der Ast gerade im Eimer steht! Damit die Äste während der Trocknungszeit nicht verrutschen, lehnen Sie sie gegen eine Hauswand und binden Sie, wenn nötig, noch ein Stück Holz als Abstandshalter an die Äste.

4. Nach drei Tagen Trocknungszeit können die Äste mit dem Betonfuß aus den Eimern gezogen werden.

TIPP

Fragen Sie bei Ihrem örtlichen Forstamt nach Baumabfällen, die Sie dort meist kostenlos abholen können.

Deko-Tablett

Wenn bei Grillabenden jeder etwas mitbringt, wird es schnell eng auf dem Tisch. Um dennoch Platz für Sommerblumen, Kerzen oder Dessert in kleinen Gläschen zu haben, hatte ich die Idee, ein hängendes Deko-Tablett am Sonnenschirm zu befestigen. Mit einer Lichterkette umwickelt, schaffen Sie zusätzlich eine stimmungsvolle Beleuchtung für eine laue Sommernacht.

MATERIAL

rundes Metalltablett

Akkubohrer

Sprühlack

Stoffreste

Schere

stabiler Draht

Drahtzange

doppelseitiges Klebeband

Perlen oder Deko-Kristalle aus Glas, optional

SO WIRD'S GEMACHT:

1. Markieren Sie drei Punkte im gleichen Abstand voneinander auf dem Rand des Tabletts und bohren Sie drei Löcher für die Aufhängung.

2. Lackieren Sie das Tablett nun innen und außen in Ihrer Wunschfarbe. Wenn Sie möchten, können Sie das Tablett natürlich auch in seiner Originalfarbe belassen.

3. Während das Tablett trocknet, schneiden Sie einige 2 cm breite Stoffstreifen zurecht, die Sie zur Ummantelung des Drahts und für die Quasten benötigen.

4. Anschließend schneiden Sie drei etwa 60 cm lange Stücke von dem Draht ab. Nehmen Sie einen der Stoffstreifen, kleben Sie ein Stück doppelseitiges Klebeband darauf, und wickeln Sie den Stoff um den Draht. Am Ende verwenden Sie wieder ein Stück Klebeband, um den Stoff am Draht zu fixieren.

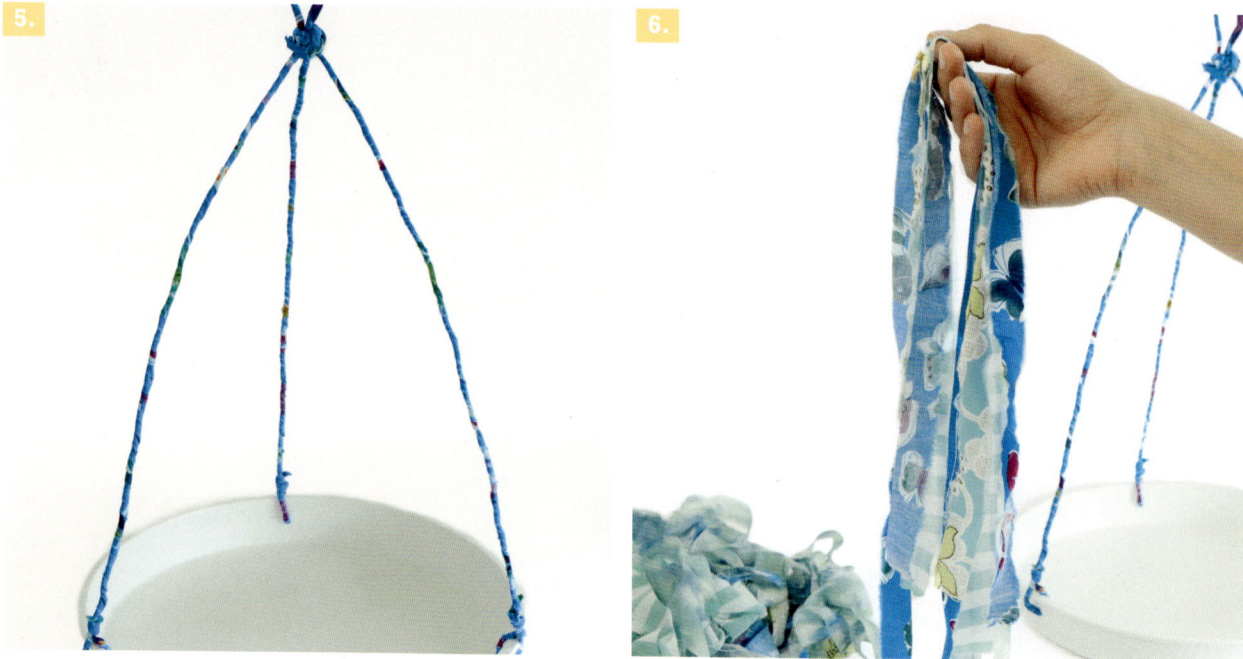

5. Anschließend führen Sie jeweils ein Stück Draht durch die Löcher und binden es zu. Oben biegen Sie den Draht zu einer Schlaufe und wickeln die anderen beiden Streben darum.

6. Aus den restlichen Stoffstreifen können Sie einige Quasten basteln, indem Sie jeweils fünf Streifen übereinanderlegen und einen weiteren

Streifen recht weit oben um die Streifen binden. Kürzen Sie die Quasten auf die gewünschte Länge und befestigen Sie sie an den Halterungen des Tabletts.

TIPP

Für einen noch verspielteren Look befestigen Sie Perlen oder Deko-Kristalle aus Glas an den Quasten.

Girlande aus Stoffresten

Wenn man eine Party vorbereitet, bleibt neben der Organisation und dem Zubereiten des Essens meistens nicht mehr viel Zeit, aufwendige Deko selbst zu machen. Dabei sind es oft die kleinen Dinge, die zum Gelingen eines Fests beitragen. Zum Glück ist die Girlande aus Stoffresten in ein paar Minuten gemacht, sodass es auf Ihrer Party beides gibt: leckeres Essen und ein tolles Ambiente!

MATERIAL

Stoffreste

Stoffschere

dicke Kordel in der gewünschten Länge

SO WIRD'S GEMACHT:

1. Reißen Sie den Stoff in etwa 3 cm breite und 60 cm lange Streifen.

2. Nun knoten Sie die Stoffstreifen im Abstand von 10 cm an die Kordel. Am besten spannen Sie diese dafür zwischen zwei Stühle.

3. Verknoten Sie nun, auf der rechten Seite beginnend, immer den Streifen eines Knotens locker mit einem Streifen des Knotens links daneben. Verfahren Sie so mit allen Streifen, und hängen Sie die Girlande an der gewünschten Stelle auf.

Windlichter mit Leder

Windlichter zählen zur schönsten Deko für draußen und schaffen eine wunderbare Atmosphäre für laue Sommernächte im Freien. Aus alten Einmachgläsern und etwas Leder verleihen diese Windlichter Garten und Balkon einen edlen Look.

MATERIAL

möglichst ebene Einmach- oder Trinkgläser

Lederreste

Maßband, Büroklammern

3 Hohlnieten pro Windlicht in 6–9 mm Stärke, plus Stanzwerkzeug

Hammer

Cutter, Lineal

feste Unterlage

SO WIRD'S GEMACHT:

1. Zunächst messen Sie den Umfang des Windlichts ab und geben 2 cm dazu. Dann legen Sie das Maßband, wie auf dem Bild oben zu sehen, am oberen Glasrand an und führen es über den Boden bis zum gegenüberliegenden Rand. Diese Länge nehmen Sie doppelt und fügen ebenfalls 2 cm hinzu.

2. Nun schneiden Sie diesen beiden Maßen entsprechend zwei Streifen Leder zu. Den Streifen mit dem Maß des Umfangs in etwa 3 cm Breite, den anderen für den Träger in etwa 2,5 cm Breite.

3. Legen Sie den kürzeren Streifen um das Glas herum, sodass er zwar schließt, aber nicht allzu straff sitzt, und stecken Sie ihn mit Büroklammern fest. Anschließend platzieren Sie das Glas mittig und mit dem gerade festgesteckten Ende auf der rechten Seite auf dem langen Streifen. Führen Sie beide Enden des langen Streifens zusammen und stecken Sie den Streifen zusammen mit dem Querstreifen fest.

4. Ziehen Sie die Lederteile vorsichtig vom Glas, sodass sich die Klammern nicht lösen. Lochen Sie alle Lagen des Leders dort, wo sich Quer- und Längsstreifen treffen, mit dem Lochwerkzeug, und bringen Sie die Hohlniete nach Packungsanweisung an. Wiederholen Sie den Vorgang auf der gegenüberliegenden Seite.

5. Zum Schluss wird ein Ende des Längsstreifens spitz angeschnitten und 2 cm überlappend auf das andere Ende gelegt. Bringen Sie auch hier eine Hohlniete an. Nun kann das Leder über das Glas gezogen werden, sodass das Glas wie in einem ledernen Korb hängt.

TIPP

Statt Lederresten können Sie auch einen alten Gürtel mit etwa 100 cm Länge verwenden. Durch die Schnalle zum Schließen sparen Sie die dritte Hohlniete. Das macht das Ganze noch interessanter.

Laternen aus Dosen

Upcycling ist nicht nur ein Trend, sondern setzt auch einen wichtigen Akzent gegen die Wegwerfgesellschaft. Deshalb habe ich ein paar Dosen vor dem Müll bewahrt und daraus Laternen für den Garten gemacht, die abends stimmungsvoll das Kräuterbeet beleuchten.

MATERIAL

saubere Konservendosen (z.B. Thunfischdosen)

Akkubohrer, Aufsatzgröße 5 mm

Sprühlack

gerade Äste oder Holzstäbe (z.B. einen alten Besenstiel), Ø etwa 3 cm

Säge

Schrauben, Schraubenzieher

Trinkgläser oder Glasvasen, die exakt in die Dosen passen

Kerzen

SO WIRD'S GEMACHT:

1. Bohren Sie ein Loch in die Mitte des Dosenbodens. Anschließend besprühen Sie die Dose mit Lack in Ihrer Wunschfarbe.

2. Nutzen Sie die Zeit, während der Lack trocknet, um die Äste auf eine Länge von etwa 60 cm zuzusägen.

3. Damit das Holz beim Eindrehen der Schraube nicht splittert, bohren Sie ein Loch in den Ast vor. Nun können Sie die Dose mit der Schraube auf dem Ast befestigen und das Glas mit der Kerze hineinstellen.

Herbst

Im Herbst zeigt sich die Natur in leuchtendem Orange und warmen Beerentönen von ihrer schönsten Seite. Mit Deko aus Naturmaterialien werden Balkon und Garten für die letzten schönen Stunden im Freien gerüstet. Der Herbst ist außerdem die beste Zeit, Köstlichkeiten einzumachen, die uns im Winter noch den Sommer schmecken lassen.

Kranz aus Strohblumen

Noch immer habe ich die Bilder von verstaubten Trockenblumen in rustikalen Tonkrügen aus meiner Kindheit im Kopf. Trotzdem liebe ich Strohblumen, weil sie so wunderbare Herbstfarben haben und einfach perfekt zum Boho-Look passen.

MATERIAL

Stickgarn, Sticknadel

Lederbänder oder Kordel zum Befestigen und zum Umwickeln des Kranzes

Holzperlen mit möglichst großer Öffnung

Kranz aus Zweigen

Strohblumen, Tannenzapfen, Bucheckern und andere Fundstücke aus der Natur

Heißklebepistole, Schere

Reste goldfarbenen Kunstleders, Leders oder Filz in Ihrer Wunschfarbe

1.

2a.

2b.

SO WIRD'S GEMACHT:

1. Für die Quasten schneiden Sie acht Schnüre des Stickgarns in 30 cm Länge zu. Diese werden anschließend in der Mitte gefaltet und durch die Perle gefädelt. Die Perle wird leicht unterhalb der Mitte der Schnüre platziert.

2. Nun führen Sie die Schnüre von der rechten Seite über die Kugel zu den Schnüren auf der linken Seite. Die Kugel sollte dabei gleichmäßig von den Schnüren bedeckt sein. Unterhalb der Kugel wird ein weiteres Stück Schnur um die Schnüre gewickelt und verknotet.

Zum Schluss kürzen Sie die Quaste auf die gewünschte Länge und führen ein Stück Kordel als Aufhängung durch die Schnüre an der Oberseite der Kugel. Die Quasten werden dann am unteren Rand des Kranzes befestigt.

3. Kleben Sie nun die Strohblumen und die restliche Deko mit Heißkleber auf den Kranz. Ich habe bei meinem Kranz das obere Drittel frei gelassen und den Kranz mit dünnen Streifen Kunstleder umwickelt.

4. Zeichnen Sie auf die Reste von goldenem Kunstleder Federn auf und schneiden Sie diese aus. Befestigen Sie die Federn mit Heißkleber an der Unterseite des Kranzes.

Baum-Etagere

Das ist ein Projekt genau nach meinem Geschmack – aus wenig viel herausholen! Für die Baum-Etagere habe ich mich an unseren Brennholzvorräten bedient. Das Projekt ist in gerade einmal einer halben Stunde fertiggestellt. So bleibt mehr Zeit, den Garten in seinen schönsten Herbstfarben zu genießen!

MATERIAL

2 Baumscheiben, Ø etwa 30 und 25 cm (3 cm dick)

3 Aststücke,
1 x Ø 12 cm, 12 cm hoch
1 x Ø 8 cm, 8 cm hoch
1 x Ø 8 cm, 20 cm hoch

Akkubohrer und -schrauber

4 passende Schrauben

SO WIRD'S GEMACHT:

1. Bohren Sie ein Loch in die größere Astscheibe vor, damit die Scheibe beim Schrauben nicht reißt. Nun schrauben Sie das dünne, längere Aststück an die Scheibe.

2. Anschließend drehen Sie die Scheibe um, sodass der Ast nach oben zeigt. Dann bohren Sie ein Loch knapp neben den Ast, stellen das dicke, kurze Aststück mittig

unter die Astscheibe und schrauben diese fest. Wiederholen Sie den Vorgang für die nächste Astscheibe: Zuerst das kurze Aststück an die Scheibe schrauben, dann knapp neben der Scheibe bohren und diese auf dem Rest der Etagere festschrauben.

3. Nun dürfen Sie die Etagere nach Lust und Laune mit herbstlichen Dingen dekorieren.

TIPP

Fertigen Sie zur Weihnachtszeit eine große Variante mit fünf Etagen, die Sie festlich mit Laternen und Tannenzweigen dekorieren.

Lichterkette mit Bucheckern

Als ich die Lichterkette mit den winzig kleinen Birnen gekauft habe, wusste ich sofort, dass ich dafür auch winzig kleine Lampenschirme brauche. Beim Spaziergang mit meinen Kindern haben wir Bucheckern gesammelt, die an sich schon aussehen wie kleine Schirme. Für Abwechslung an der Lichterkette sorgen Lampionblüten, mit denen ich im Herbst wegen ihres warmen Orangetons sehr gerne dekoriere.

MATERIAL

batteriebetriebene LED-Lichterkette mit Minileuchten

geöffnete Bucheckern

ringförmige Halterung für die Bucheckern (ich habe eine große Stecknuss einer Ratsche verwendet)

Akkuschrauber, Aufsatzgröße 5 mm

Lampionblüten

Cutter

SO WIRD'S GEMACHT:

1. Um ein Loch in die Buchecker zu bohren, setzen Sie diese auf die Halterung und halten beides gut fest. Nun bohren Sie vorsichtig ein Loch in die Mitte der Buchecker. Wichtig ist, dass Sie dabei keinen Druck ausüben, sondern den Bohrer die Arbeit erledigen lassen.

2. Entfernen Sie die Stiele der Lampionblüten so gut wie möglich, und schneiden Sie anschließend mit dem Cutter einen kleinen Schlitz knapp neben den Stielansatz.

3. Stecken Sie nun die Bucheckern und die Lampions abwechselnd auf die Minileuchten der Lichterkette.

TIPP

Noch herbstlicher wird die Lichterkette, wenn Sie weitere Naturmaterialien wie bunte Blätter oder kleine Äste an der Kette befestigen.

Deko-Haus

Mit Hasendraht aus dem Baumarkt arbeite ich unheimlich gerne, weil er günstig und leicht zu verarbeiten ist. Für den Herbst habe ich mir ein Deko-Haus, in das man Blumen und Pflanzen stellen kann, ausgedacht. Man kann das Haus natürlich auch von einer Rankpflanze begrünen lassen oder Gartenutensilien darin aufbewahren.

MATERIAL

Pappkarton für die Schablone, Stift

Zollstock

etwa 1 m Hasendraht

Klebeband zum Fixieren

Zange

Arbeitshandschuhe

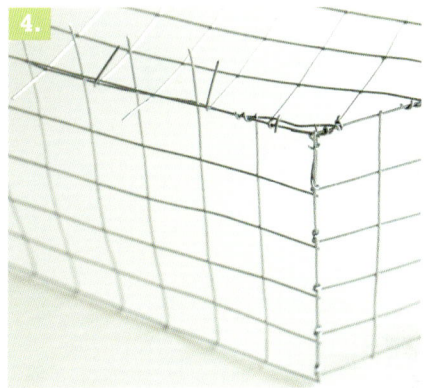

SO WIRD'S GEMACHT:

1. Zeichnen Sie eine Hausform in der gewünschten Größe auf den Karton. Mein Haus hat die Maße 29 x 43 cm. Dann fixieren Sie den Draht mit Klebeband am Tisch, da er sich sonst wieder aufrollt.

2. Legen Sie die Schablone auf den Draht und schneiden Sie die Umrisse aus. Dabei geben Sie umlaufend eine Reihe Drahtkästchen als „Nahtzugabe" zu und knipsen den Draht mit der Zange so ab, dass die Kästchen offen sind. Die abstehenden Drahtenden benötigen Sie später zum Verknüpfen der Einzelteile.

3. Für den Rand des Hauses schneiden Sie fünf Streifen Draht mit jeweils 10 cm Breite zu: zwei in der Länge des Bodens, zwei in der Länge der Seitenkanten und einen langen Streifen, der dann als Hausdach gebogen wird. Bei allen Streifen sollte eine Kante mit Kästchen, genau wie bei der Hausform, offen sein.

4. Nun werden die einzelnen Teile am Haus befestigt. Biegen Sie zunächst den Streifen für das Dach in die Form des Hausdachs. Dann verbinden Sie die jeweils abstehenden Drahtenden mit dem Haus und dem Seitenteil, indem Sie die Drahtenden um die Kante wickeln. Vorsicht, die Drahtenden pieksen ordentlich!

Verfahren Sie so mit allen Seitenteilen des Hauses und verbinden Sie diese auch untereinander. Um ein Fach für Deko zu erhalten, befestigen Sie den letzten Streifen an der Vorderseite des Hauses.

Weinkistenbank

Jetzt ist die Zeit gekommen, Garten und Balkon fit für den Herbst zu machen und die Sommermöbel einzulagern. Damit draußen keine gähnende Leere herrscht, können Sie sich eine ganz einfache Bank aus Wein- oder Obstkisten bauen. Dieses gemütliche Plätzchen ist schnell gemacht und bietet außerdem Platz für Feuerholz.

MATERIAL

2 stabile Wein- oder Obst-kisten aus Holz

Holzbrett in der Tiefe der Kisten, etwa 120 cm lang

Schaumstoff in der Größe des Bretts, etwa 5 cm dick

fester Stoff oder Wachstuch

Tacker

Akkuschrauber

Schrauben

Holzscheite

SO WIRD'S GEMACHT:

1. Schneiden Sie das Brett und den Schaumstoff in der Tiefe der Kisten und einer Länge von etwa 120 cm zu.

2. Platzieren Sie den Schaumstoff mit dem Brett auf der linken Seite des Stoffs und schneiden Sie diesen zu. Der Stoff sollte an allen Seiten etwa 15 cm länger sein als das Brett.

3. Tackern Sie nun den Stoff am Brett fest. Spannen Sie den Stoff, und beginnen Sie zunächst an der Längskante. Dann falten Sie den Stoff ein und tackern ihn auch auf die kurzen Seiten des Bretts.

4. Zum Schluss legen Sie die Sitz-fläche auf die hochkant gestellten Kisten und fixieren diese mit einigen Schrauben an den Kisten. Durch Holzscheite in den Kisten bekommt die Bank zusätzlich Stabilität.

Fenster aus Ästen

Wenn der Garten schon für den Winter vorbereitet wurde, finde ich es immer schön, wenn man im Herbst trotzdem noch einen kleinen Blickfang im Garten hat. Dieses Fenster ist eine gute Alternative zu einem klassischen Herbstkranz.

MATERIAL

6 möglichst gerade Äste, etwa 3 cm dick

Handsäge

Akkubohrer und -schrauber

4 Schrauben

Hammer, Nägel

dünner Draht, Zange

Äste, z. B. Weide, wilder Wein, Korkenzieherweide

Tannenzapfen, Hagebutten und andere Fundstücke aus der Natur

Deko-Anhänger, Band

SO WIRD'S GEMACHT:

1. Kürzen Sie die Äste mit der Säge auf 60 cm Länge und bohren Sie in zwei der Äste an beiden Enden Löcher vor, damit der Ast später beim Schrauben nicht einreißt.

2. Anschließend schrauben Sie die Äste zu einem quadratischen Rahmen zusammen. Für die Sprossen werden zwei Äste über Kreuz mit Nägeln am Rahmen befestigt.

3. Nun wird dekoriert. Befestigen Sie kleinere Äste mit Draht am Rahmen und wickeln Sie wilden Wein darum. Die Tannenzapfen und Hagebutten werden ebenfalls mit Draht am Fenster befestigt. Den letzten Schliff bilden Deko-Anhänger oder Tannenzapfen, die Sie mit Bändern an den Sprossen aufhängen können.

TIPP

Das Fenster können Sie auch weihnachtlich mit Tannenzweigen sowie Blättern und Früchten der Stechpalme dekorieren.

Herbstlichter

Wenn es abends früh dunkel wird, sorgen Windlichter vor der Haustüre für eine einladende Stimmung. Das Material dafür haben Sie sicher zu Hause: Einmachgläser, kleinere Äste und vielleicht sogar ein paar Stücke Birkenrinde vom Brennholzstapel. Beide Varianten sind schöne Projekte für trübe Herbsttage, die auch Kindern Spaß macht.

MATERIAL

große Einmachgläser

dünne Äste oder Birkenrinde

Säge

Draht, Zange

Cutter

Schere

Teelicht

Windlicht mit Ästen

SO WIRD'S GEMACHT:

1. Sägen Sie die Äste zunächst in gleich lange Stücke, die etwa 2 cm länger sind als die Höhe des Glases. Die Menge der Äste variiert nach der Dicke des Glases.

2. Schneiden Sie anschließend ein etwa 120 cm langes Stück Draht ab und knicken Sie es in der Mitte. Nun formen Sie eine Schlaufe aus Draht und bauen eine Art Ministaketenzaun, indem Sie immer ein Holz anlegen, dahinter den Draht verdrehen und wieder ein Holz anlegen. Prüfen Sie zwischendurch, ob die Menge schon ausreicht, um einmal um das Einmachglas geführt zu werden.

3. Zum Schluss legen Sie das Holz um das Glas, führen die beiden Drahtenden durch die Schlaufe und verknoten die Enden miteinander.

Windlicht mit Birkenrinde

1. Schneiden Sie ein etwa 40 cm langes Stück Draht ab und führen Sie es um das Einmachglas, sodass es locker um das Glas liegt, und verknoten Sie die Enden. Beginnen Sie nun, die Rindenstücke leicht überlappend in den Drahtring zu stecken.

2. Aus dünner Rinde können Sie ganz leicht Motive ausschneiden, durch die später das Licht scheint. Dazu zeichnen Sie das gewünschte Motiv auf der Rückseite der Rinde vor und schneiden es anschließend vorsichtig mit dem Cutter aus.

3. Zum Schluss ziehen Sie den Draht fest an und fixieren die Rinde mit einem zusätzlichen Stück Draht am Einmachglas. Bringen Sie nun die überstehende Rinde mit der Schere auf die gleiche Länge und platzieren Sie ein Teelicht in dem Glas.

Beton-Windlicht

Erinnern Sie sich an die Pflanzkübel aus Beton, die ich im Frühling gegossen habe? Die Gräser haben inzwischen einen Platz im Garten gefunden, und die Betongefäße bekommen eine neue Aufgabe für den Herbst. Mit selbst gegossenen Kerzen und einem herbstlichen Motiv verziert, erstrahlen die Betonkübel in neuem Glanz.

MATERIAL

Beton-Pflanzenkübel
(siehe Seite 29/30)

Kerzendocht

Kerzenreste

alter Topf

Holzstäbchen

Papier, Stift

Bohrmaschine

SO WIRD'S GEMACHT:

1. Schneiden Sie vom Docht ein Stück ab, das bis auf den Boden des Gefäßes und noch etwa 5 cm weiter reicht. Knoten Sie den Docht an einen Holzspieß und legen Sie diesen mittig auf den Rand des Gefäßes.

2. Geben Sie die Kerzenreste in einen alten Topf und erhitzen Sie diese bei schwacher Hitze. Die alten Dochte können Sie nach dem Schmelzen vorsichtig herausfischen.

3. Gießen Sie das flüssige Wachs behutsam in die Betongefäße und lassen Sie es erkalten. Anschließend schneiden Sie den Docht knapp unterhalb des Holzspießes ab.

4. Zeichnen Sie sich das gewünschte Motiv auf Papier vor und schneiden Sie es aus. Anschließend übertragen Sie das Motiv auf den Betonkübel und markieren mehrere Punkte im Abstand von etwa 1 cm.

5. Bohren Sie nun die Löcher des Motivs. Verwenden Sie dafür eine gute Bohrmaschine. Das Windlicht sieht tagsüber recht unspektakulär aus, zaubert im Dunkeln aber ein wundervolles Licht.

Lavendelträume

Ich kann nicht an einem Lavendelstrauch vorbeigehen, ohne mit der Hand über die Blüten zu streichen und den herrlichen Duft einzuatmen! Mit Duftkissen, Sträußen und Kränzen hole ich mir den Duft des Sommers ins Haus und erfreue mich bis in den Herbst hinein daran.

MATERIAL

Stoffreste, alte Tischdecken

getrocknete Lavendelblüten

Nähmaschine

Duftkissen mit Lavendelfüllung

Lavendelsäckchen sind ein natürlicher Mottenschutz im Kleiderschrank und immer ein schönes Geschenk. Bei meinen Lavendelkissen habe ich für die Hülle alte Tischdecken mit Stickerei vom Flohmarkt verwendet und diese mit getrockneten Blüten befüllt.

MATERIAL

fester Draht

Zange

Strauß Lavendelblüten

Band (zum Aufhängen)

Kranz aus Lavendel

Für diesen Kranz brauchen Sie festen Draht, den Sie zu einem Ring formen. Befestigen Sie an diesem Ring mit dünnem Draht die Lavendelblüten. Ein kleiner Kranz macht sich wunderbar als Deko im Gästebad. Mit einem großen Kranz an der Haustür begrüßen Sie Ihre Gäste mit einem wundervollen Duft!

Badeperlen und -salz

Sprudelnde Badeperlen lassen sich ganz leicht selbst herstellen, sie sind pflegend für die Haut und, da man die Inhaltsstoffe genau kennt, eine tolle Alternative zu gekauften Produkten. Die Zutaten dafür finden Sie alle im Supermarkt und in Ihrem Kräutergarten.

MATERIAL

(für etwa 5 Kugeln)

75 g Kokosfett

200 g Natron

100 g Zitronensäure

50 g Maisstärke

Zusätze nach Wunsch, z.B. getrocknete Lavendelblüten, Rosmarin, Orangenschalen oder ätherische Öle

Badeperlen

Das Kokosfett im Topf schmelzen. Natron, Zitronensäure und Maisstärke miteinander vermischen und das Kokosfett zugeben. Alles durchkneten und die Blüten oder einige Tropfen ätherisches Öl unterrühren. Die Masse zu Kugeln formen und trocknen lassen. Durch Natron und Zitronensäure entsteht im Kontakt mit Wasser Kohlenstoffdioxid, das für den Sprudeleffekt sorgt. Bei der Verarbeitung deshalb darauf achten, dass kein Wasser an die Masse kommt!

MATERIAL

Totes-Meer-Salz

getrocknete Blüten, z.B. Lavendelblüten

ätherisches Öl

Badesalz

Vermischen Sie das Totes-Meer-Salz mit getrockneten Blüten und ein paar Tropfen ätherischem Öl. Wenn Sie im Badewasser keine Blüten haben möchten, stecken Sie einfach einige Stiele Lavendel in das Salz, lassen es mehrere Tage durchziehen und entfernen diese dann.

Kräutermischungen

Nachdem ich das ganze Jahr fleißig Kräuter gesammelt und getrocknet habe, freue ich mich im Herbst immer darauf, würzige Kräutermischungen herzustellen. Um die Intensität der Kräuter zu erhalten, sollten sie im Backofen bei 40 Grad mit leicht geöffneter Tür oder im Dörrautomaten getrocknet werden.

ZUTATEN

4 EL grobes Meersalz

je 2,5 EL getrockneter Oregano, Salbei, Thymian und Rosmarin

1 Knoblauchzehe

1 kleine Zwiebel

½ TL Pfeffer

Italienisches Kräutersalz

Alle Zutaten miteinander mischen und im Mixer kurz pürieren. Anschließend die Masse auf einem mit Backpapier ausgelegten Backblech ausbreiten und im Backofen bei 40 Grad mit leicht geöffneter Tür etwa 1 Stunde trocknen lassen. Wenn Sie ein ganz feines Kräutersalz möchten, mixen Sie die Masse anschließend ein zweites Mal gut durch.

ZUTATEN

je 2 EL getrocknete Petersilie, Schnittlauch und Dill

getrocknete Blüten, z.B. von Rucola, Gänseblümchen, Kapuzinerkresse oder Schnittlauch

Salatkräuter mit Blüten

Alle Zutaten miteinander mischen und im Mixer etwas zerkleinern. Durch die getrockneten Blüten wird die Kräutermischung ein kulinarischer Blickfang.

Hübsche Etiketten finden Sie unter folgendem Link:
www.emf-verlag.de/Garten-Deko

Winter

Im Winter suchen wir uns mit sehnsuchtsvollem Blick nach draußen einen kuscheligen Platz vor dem Fenster. Im Wintergarten und auf der Fensterbank erfreuen wir uns an selbst gemachter Weihnachts-Deko und bereiten kleine Geschenke für unsere Liebsten vor.

PETER MARTIN URTEL

Die Kunst
TEE
zu trinken

BEI HEIMERAN IN MÜNCHEN

KRÄUTER-
TEE

Teemischungen

Im Spätsommer habe ich die Kräuter aus meinem kleinen Teegarten geerntet und getrocknet. Ich schätze den unverfälschten Geschmack meiner eigenen Tee-kreationen und die heilende Wirkung bei Erkältungen. Die Teebeutel nähe ich aus Teefiltern mit der Nähmaschine und versehe sie mit kleinen Anhängern. Für Teelieb-haber sind solch liebevoll gestalteten Verpackungen mit aromatischem Kräutertee eine wahre Freude! Bei der Kreation eigener Teemischungen ist Experimentier-freude gefragt, achten Sie jedoch darauf, nicht mehr als fünf unterschiedliche Kräuter miteinander zu mischen, da sie sonst ihr Aroma nicht optimal entfalten können.

Veilchen-Vanille-Tee

je 3 EL Zitronenverbene und Zitronenmelisse

1 EL getrocknete Veilchen-blüten

3 cm Vanilleschote, getrocknet (einfach nach dem Backen die ausgekratzte Schote aufheben und trocknen)

Frühstückstee

3 EL Brombeerblätter

2 EL Minze

2 EL Zitronenmelisse

1 EL Orangenschale

Erkältungstee

4 EL Brombeerblätter

3 EL Salbei

2 EL Thymian

1 EL Spitzwegerich

1 EL Lindenblüten

Für die lose Mischung habe ich eine Käseschachtel aus Holz mit einem Stück bestickten Leinen beklebt und innen mit Seidenpapier ausgekleidet.

Garten im Glas

Zimmerpflanzen sind gerade wieder voll im Trend, allen voran Sukkulenten, die recht anspruchslos sind und auch in Gefäßen mit geschlossenem Boden gedeihen. In Glasgefäße gepflanzt, werden sie als kleines Terrarium zum hübschen Blickfang im Wohnzimmer.

MATERIAL

Glasgefäße (z.B. große Einmachgläser)

Sukkulenten wie Hauswurz oder Kakteen und kleine Farngewächse

Kieselsteine

Tongranulat

Pflanzerde

kleine Schaufel oder ein Löffel

SO WIRD'S GEMACHT:

1. Bedecken Sie den Boden des Glases mit Steinen und formen Sie eine Mulde. Sie bilden einen Sichtschutz, damit man die roten Tongranulat-Kügelchen später nicht sieht.

2. Nun füllen Sie Tongranulat in die Mulde, bis genug vorhanden ist, dass sich die Pflanzen zu zwei Dritteln einpflanzen lassen. Der Rest wird später mit Erde aufgefüllt.

3. Pflanzen Sie Ihre Pflanzen hinein. Achten Sie darauf, nicht zu viele Pflanzen hineinzusetzen, da diese noch Platz zum Wachsen brauchen. Zum Schluss wird eine Schicht Erde darauf verteilt, um das Tongranulat zu bedecken. Am Rand platzieren Sie eine Schicht Kieselsteine.

Deko aus Baumstämmen

Langsam befürchte ich, unsere gesamten Brennholzvorräte für den Winter für Deko aufzubrauchen! Aber ich liebe nun einmal den urigen Look von grobem Holz und dekoriere vor allem im Winter sehr gerne damit. Und weil die Birkenholzscheite von sich aus schon ein echter Hingucker sind, braucht es gar nicht viel, um sie dekorativ in Szene zu setzen.

MATERIAL

2 runde Holzscheite in verschiedenen Größen

Akkubohrer

Kerzenhalter

fester Deko-Draht (1,2 mm dick)

Kordel

Schere

Zange

Stift, Papier

Holzscheit mit Stern

SO WIRD'S GEMACHT:

1. Zeichnen Sie einen Stern in etwa 10 cm Breite auf Papier vor und schneiden Sie diesen aus. Biegen Sie die Kontur des Sterns mit einem Stück Deko-Draht nach. Nehmen Sie bei Bedarf eine Zange zu Hilfe. An der Stelle, an der sich die beiden Drahtenden treffen, führen Sie ein etwa 10 cm langes Stück senkrecht nach unten, damit Sie den Stern später in das Holz stecken können.

Eine Sternvorlage finden Sie unter folgendem Link:
www.emf-verlag.de/Garten-Deko

2. Wickeln Sie nun die Kordel straff um den Draht. Beginnen Sie dabei an der Öffnung des Sterns, sodass diese zusammengehalten wird. Lassen Sie etwa 5 cm des Drahtstiels frei. Ich habe am Ende ein wenig Draht um die Kordel gewickelt. Alternativ können Sie auch etwas Heißkleber verwenden, um die Kordel am Draht zu befestigen. Bohren Sie ein Loch in den Holzscheit und stecken Sie den Stiel hinein.

Kerzenhalter aus Holz

SO WIRD'S GEMACHT:

Alles, was Sie tun müssen, ist, ein Loch in den Stamm zu bohren und den Kerzenhalter hineinstecken! Es sieht besonders schön aus, wenn man gleich mehrere Stämme mit Kerzen dekoriert.

Wimpelgirlande aus Draht

Schlichter Draht ist sicher nicht das Material, das man mit
Weihnachts-Deko in Verbindung bringt. Doch mit ein paar Hand-
griffen haben Sie eine filigrane Wimpelgirlande gefertigt, die nicht
aufdringlich ist, aber dennoch einen weihnachtlichen Akzent setzt.

MATERIAL

Stift

Papier

Maßband

fester Draht (1,2 mm dick)

Zange

dünner Draht
zum Befestigen der Sterne

1.

2.

SO WIRD'S GEMACHT:

1. Zeichnen Sie einen Stern in 10 cm
Breite auf Papier vor und schneiden
Sie ihn aus. Anschließend biegen
Sie die Kontur des Sterns mit festem
Draht nach. Verwenden Sie zum Biegen eine Zange. Wenn sich Anfang
und Ende des Drahts in der Spitze
des Sterns treffen, verdrahten Sie
beide Teile miteinander und formen
eine kleine Lasche zum Aufhängen.

2. Für die Wimpel schneiden Sie
jeweils ein 50 cm langes Stück Draht
ab und biegen es zu einem V, das
anschließend an einem langen
Stück Draht (etwa 2 m oder so lange
Sie möchten) befestigt wird. In den
Wimpel wird der Stern gehängt
und mit dünnem Draht befestigt. Ich
habe die Wimpel abwechselnd mit
einem Stern und Querverstrebungen
aus Draht geschmückt.

Eine Sternvorlage finden
Sie unter folgendem Link:
www.emf-verlag.de/Garten-Deko

Schriftzug aus Moos

Moos ist ein tolles Material für Deko-Projekte im Freien, es lässt sich leicht verarbeiten und behält auch nach dem Trocknen seine Farbe. Diesen Schriftzug aus Moos habe ich draußen auf die Fensterbank gestellt, aber man kann ihn auch statt eines Kranzes an die Haustür hängen und damit seine Gäste willkommen heißen.

MATERIAL

fester Karton

Stift

Cutter, Schneideunterlage

reichlich getrocknetes Moos

dünner Blumendraht

Zange

SO WIRD'S GEMACHT:

1. Schreiben Sie den gewünschten Schriftzug in Schreibschrift auf Karton. Die Buchstaben müssen miteinander verbunden und die Linien etwa 3 cm dick sein. Schneiden Sie den Schriftzug mit dem Cutter aus. Verwenden Sie dabei unbedingt eine Schneideunterlage.

2. Nun wird der Schriftzug in Moos gehüllt. Nehmen Sie dazu ein Stück getrocknetes Moos, das in etwa so groß ist wie der Buchstabe, und legen Sie es auf den Buchstaben, sodass er komplett damit bedeckt ist. Gehen Sie mit den übrigen Buchstaben ebenso vor.

3. Wickeln Sie den Blumendraht fest um die Buchstaben und formen Sie den Schriftzug sauber aus. An Stellen, an denen noch Karton durchscheint, können Sie nachträglich kleinere Moosstücke darauflegen und ebenfalls mit Draht umwickeln.

Die Autorin

Katharina Pasternak ist ein kreatives Energie-
bündel und liebt es, schöne Dinge selbst zu
machen, aus Altem etwas Neues zu schaffen
und handwerklich zu arbeiten. Die studierte
Theater-, Film- und Medienwissenschaftlerin
schreibt auf ihrem Blog **www.leelahloves.de**
über DIY-Projekte und Deko-Ideen, arbeitet
als freie Autorin und Fotografin und bietet
DIY-Workshops in ihrem Atelier an. Ihre Lei-
denschaft zu Vintage-Deko lebt sie in ihrem
Onlineshop **www.vintagewonderland.de**
aus, den sie zusammen mit ihrer Zwillings-
schwester betreibt. Mit ihrem Mann und
ihren beiden Kindern lebt sie in einem Haus
in Aschaffenburg, das sie mit viel Eigenarbeit
und alten Baustoffen in ihr persönliches Vin-
tage-Wonderland verwandelt hat.

Danksagung

Ein großes Dankeschön geht an all die Menschen, die mich ermutigt und unterstützt haben, an die Edition Michael Fischer für diese großartige Chance und die Firma Stoff & Stil, die mir die Stoffe für die Umsetzung der Nähprojekte in diesem Buch zur Verfügung gestellt hat.

Herzlichen Dank an meine Eltern, die mir handwerkliches Geschick und Kreativität geschenkt haben, und an meine Schwiegereltern, die unsere Familie in stressigen Zeiten am Laufen gehalten haben! Danke auch an meine Freundin Sabine für die Assistenz bei

den Shootings und die mentale Unterstützung, an Julia Ballmaier, meine Schwester Claudia sowie Felix und Elisa, auf deren wundervollen Dachterrassen ich fotografieren durfte. Und natürlich gebührt der Dank meinen Bloglesern, die mich immer begleiten und dazu beigetragen haben, dass ich dieses Buch nun in den Händen halten darf.

Mein besonderer Dank geht an meinen Mann Martin, der mich jeden Tag aufs Neue durch seine Liebe beflügelt und das Beste in mir zum Vorschein bringt!

143

Impressum

Bibliografische Information der Deutschen Bibliothek.

Die Deutsche Bibliothek verzeichnet diese Publikation in der Deutschen Nationalbibliografie.

Detaillierte bibliografische Daten sind im Internet über http://www.dnb.de/ abrufbar.

EIN BUCH DER EDITION MICHAEL FISCHER

1. Auflage 2018

© 2018 Edition Michael Fischer GmbH, Igling

Covergestaltung: Nelli Braun
Redaktion und Lektorat: Annika Christof, Anja Sommerfeld
Layout: Verena Raith
Satz: Silvia Keller

ISBN 978-3-86355-974-8

Printed in Slovakia

www.emf-verlag.de